Der Prophet Jesaja mit einer für uns aktuellen Botschaft

Gott redete durch seine Propheten zu seinem Volk Israel und damit auch zu uns heute. Im Wort des Propheten Jesaja haben wir Gottes Wort vor uns. Gott handelt an den Menschen durch sein Wort. Der Prophet will nicht in Gottes Handeln eingreifen - kann er auch nicht, sondern gibt weiter, was Gott uns zu sagen hat und wie er mit dem Ablauf der Weltgeschichte umgeht. Gott allein sitzt im Regiment, in der Herrschaft. Alle Mächtigen dieser Erde kommen und gehen; Gott aber bleibt! Der Theologe Professor Dr. Paul Althaus hat einmal gesagt, dass Gottes Handeln in der Geschichte für ihn einer der wichtigsten Gottesbeweise ist. Regime, Systeme und Ideologien werden abgelöst, Gott aber steht als der Ewige darüber. Daran wird deutlich, dass Gott nicht mit den Mächtigen auf dieser Erde herrscht, sondern im Gegenteil, alle seine Macht gibt er ab an ein Kind, an Jesus Christus. So geht es Gott nicht um Macht; sondern als der Allmächtige geht es ihm um Vollmacht. Und in seiner Vollmacht neigt er sich zu den Menschen durch den Sohn. Das ist Gnade, davon werden Sie in diesem Heft lesen:

Seine Gnade wird nicht

Propheten geben Zeugnis von der Nähe Gottes, von seiner Gnade. Und seine Gnade ist so groß, so dass auch jede Weltmacht für Gott nur ein Werkzeug ist, mit dem er wirkt und handelt, bis sein großer Tag kommt, an dem der letzte Bund des Friedens mit uns geschlossen wird. Dafür hat er sich zu uns herabgeneigt! So umgreift das Jesajabuch die Jahrtausende bis zum Wiederkommen Jesu Christi, der beim Propheten schon lange vor der Zeit seiner Geburt als Kind in der Krippe angekündigt wurde. (Jesaja 9,5)

Es sollen wohl Berge weichen

Der ganze Vers 10 ist der Abschluss eines Gedichtes, das der Prophet in seine Verkündigung hineingenommen hat. Gott hat mit Noah einen neuen Bund geschlossen, den er durch diese vorliegenden Worte besiegelt. Aber die Bibelworte sollen, gleich in welchem Bezug sie zu den verkündenden Worten der Bibel stehen, den Bibelleser ansprechen, ihm helfen, ihn auch zurechtweisen, aber ihn auch trösten. So soll auch dieses Wort zu dem Leser reden. Gott bezeugt sich als unser Schöpfer und durch Jesus Christus als Erlöser. Dazu gehört, dass die gewachsenen Berge, die zwischen Gott und Menschen stehen, abgetragen werden. Was gibt es da für Berge? Ein sterbenskranker Mensch klagt den Besucher an: „Du hast

versprochen für mich zu beten, und was ist aus mir geworden?"

Ein Gebet dient nicht dazu, ein Menschenleben zu verlängern, sondern es soll helfen, das abzubauen, was noch zwischen dem Kranken und Gott steht, solange der Kranke noch mitdenken kann. Das sind die Berge!

Aber da stehen auch Berge zwischen dem Ungläubigen und Gott. Berge, die es nicht zulassen, dass der noch Gott fern stehende Mensch sich von Gott ergriffen und getragen weiß. Schließlich haben sich auch Berge aufgebaut vor dem Wohlhabenden, der an seinem Reichtum hängt und nicht begreifen will, dass er alles einmal loslassen muss. Alle diese Berge sollen weichen, und Gott will durch die Kraft seines Geistes dazu verhelfen, damit der Blick zu ihm frei wird und der Mensch fröhlich erkennt, dass er von Gott nicht vergessen ist, sondern hindurchgetragen wird, bis sein vergängliches Leben auf dieser Erde im festen Glauben endet und mit der Ewigkeitshoffnung sich erfüllt.

Es sollen Hügel hinfallen

Ganz bewusst hat wohl der Prophet sich nicht nur mit dem Weichen der Berge begnügt, sondern er nennt auch die kleinen Hügel, die so manches Mal im Wege sind und auch schon Schwierigkeiten bereiten können. Das kennen wir! Diese kleinen Steine, die dazwischenliegen: Ich möchte gerne glauben, aber... Ich glaube ja auch, aber... Muss ich dann auch in die Kirche, zur Gemeinde gehen? Aber dazu habe ich doch keine Zeit, im Übrigen... Und wie ist das mit dem Beten? Alles kleine Hügel, die es schwer machen, die letzte Verbindung herzustellen. Wenn wir den Propheten fragen würden, dann würde er uns wohl zunächst erzählen, wie schwer es für ihn war, von Gott berufen zu werden in einer Zeit tiefster Hoffnungslosigkeit. Und er war ausersehen, sein Volk, dass durch Babylon ins Elend getrieben wurde, zu trösten. Gott hat ihn in die Arbeit hineingeworfen. Um des Gehorsams willen hat er sich auch hineinwerfen lassen. Nur so ist er zum großen Verkündiger und zu Gottes gehorsamem Knecht geworden. Wie oft durfte ich es in meiner Dienstzeit erleben, dass besonders junge Menschen, die es in der Familie sehr schwer hatten, ihren christlichen Glauben zu leben und daran fast verzweifelt waren, sich durchgekämpft haben und dann als treue Mitarbeiter ihrem Herrn gedient haben. Und sie haben in ihrem Leben durchgehalten. Immer wieder sind kleine Hügel als Hindernisse im Weg gewesen, aber sie wurden gepackt, um der Sache mit Gott die Treue zu halten. Mögen sich so besonders die Menschen orientieren, bei denen sehr schnell der Wille deutlich wird, dann aber das „Aber" zu schaffen macht, ein kleiner Hügel. Vielleicht kann man ihn hinwegbeten.

Benjamin Schmolck, geboren 1672 in Brauchitschdorf in Schlesien hat etwa 1000 Choräle gedichtet. 1702 wurde er Pfarrer in Schweidnitz. Später soll er gelähmt und erblindet gewesen sein und starb in Schweidnitz mit 65 Jahren 1737. Schmolck hat zu dem ausgelegten Prophetenwort das Lied gedichtet: Weicht ihr Berge, fallt ihr Hügel (EKG 440). Es soll die Auslegung in diesem Heft begleiten:

> Weicht ihr Berge, fallt, ihr Hügel,
> brechet alle Felsen ein:
> Gottes Gnade hat das Siegel,
> sie will unverändert sein.
> Lass die Welt zu Trümmern geh'n,
> Gottes Gnade bleibt bestehn.

> Gott hat mir sein Wort versprochen,
> Gott hat einen Bund gemacht,
> der wird nimmermehr gebrochen,
> bis er alles hat vollbracht.
> Er, die Wahrheit trüget nicht,
> was er saget, das geschicht.

Meine Gnade soll nicht von dir weichen

Das Wort Gnade gehört zu den Wörtern, die in der Bibel ständig vorkommen. In der deutschen Sprache hat es keinen hohen Stellenwert mehr. Entweder scherzt man: Ich will dir noch einmal gnädig sein. Oder man hört von Begnadigungen bei Verurteilten. Aber sonst? Ja, im Gottesdienst wird in Predigten noch über Gnade gesprochen; dann sind wir aber schon wieder bei der Bibel. In der griechischen Sprache (charis), mehr aber noch in der lateinischen (gratia) hat die Vokabel ein breites Übersetzungsangebot: Gefälligkeit, Anmut, Liebenswürdigkeit, Gefallen, Gunst, Freude u.v.m. Aber so groß ist auch das Angebot Gottes, wenn er den Menschen gnädig gesonnen ist.

„Wem ich gnädig bin, dem bin ich gnädig, und wessen ich mich erbarme, dessen erbarme ich mich," spricht Gott zu Mose *(2. Mose 33,19)*. Da liegt alles drin! Gottes Gnade ist sehr weit gefächert. Wenn Gott sich dem Menschen zuwendet, sich zu ihm herabneigt, dann gibt es für den Menschen keine größere Erfüllung. Keine Herrlichkeit auf Erden kann Gottes Zuneigung zu einem einzelnen Menschen aufwiegen. Wenn Gott seine Gnade ausschüttet, ist das das vollkommene Leben, das keinen ewigen Tod kennt. Das aber zu erhalten bedarf der völligen Abgabe an Gott, der völligen Hinwendung des Menschen zu Gott. Berge und Hügel sollen weichen vor Gottes Gnadenangebot.

Wenn alle Hindernisse weggeräumt sind, ist der Weg zu Gottes Gnade frei. Und diese Hindernisse, Berge und Hügel sind letztendlich auch die Sünde, die von Gott trennt, nicht der Sünder, dem wendet sich Gott helfend zu. Aber Gott hasst die Sünde, besonders die vorsätzliche. Das will uns das Wort sagen und uns die Möglichkeit zu täglichen Korrekturen bieten, damit wir frei und froh werden.

Seine Gnade soll nicht weichen,
wenn gleich alles bricht und fällt,
sondern ihren Zweck erreichen,
bis sie mich zufrieden stellt.
Gott ist fromm und gut und treu,
ob die Welt voll Heuchelei.

Der Bund meines Friedens

Gott spricht in diesem Vers von SEINEM Frieden. Wie stark ist dieses Wort, wenn man auch nur eine sehr vage Vorstellung von Gott hat? Gott ist der Friede! Und als der Friede bietet er sich uns an und will sagen: Wer zu mir steht, wer mit mir lebt, sich auf mich verlässt, der hat den wahren Frieden angenommen. Wenn Gott sich mit uns verbündet, bindet er uns in seinen Frieden ein. So verheißungvoll ist es, mit Gott zu leben. Wer das angenommen hat, weiß, was wahrer Frieden bedeutet. Sicher werden diese Worte auch von Menschen gelesen, denen heute nicht nur der innere Frieden fehlt, sondern die zurzeit oder auch schon lange im Unfrieden mit anderen leben und darunter leiden. Sind es Kinder, die Sorgen bereiten, oder Eltern den Kindern, Verwandte oder einstige gute Freunde, Mitbewohner in der Hausgemeinschaft oder vielleicht Nachbarn? Wie setzt man da zum Frieden an? Im Evangelischen Gesangbuch steht das Lied „Hevenu schalom alechem" *(Nr. 433)* zu deutsch: Wir wünschen Frieden euch allen. „Schalom alechem" ist der israelische Gruß von Mensch zu Mensch wie in Süddeutschland das „Grüß Gott!" Diesen Gruß haben die Juden aus dem Alten Bund übernommen und wünschen, dass der Frieden so angenommen wird, zumal das jüdische Volk durch viele

Kriege hindurch musste. Aber mit dem Friedenswunsch soll bewirkt werden, dass Gott gegenwärtig ist, dass er letzten Endes der Handelnde ist. Deshalb lehrte auch Jesus als der auferstandene Christus die Menschen: „Friede sei mit euch!" Gott der Vater sollte dabei sein und den Frieden besiegeln. Lasst um des Friedens willen Gott handeln, den Friedensbringer! Paulus schreibt an die Gemeinde in Philippi *(Kapitel 4, 7)*: „**Der Friede Gottes, welcher höher ist als alle Vernunft, bewahre eure Herzen und Sinne in Christus Jesus!**"

Will die Welt den Frieden brechen,
hat sie lauter Krieg im Sinn,
Gott hält immer sein Versprechen;
so fällt aller Zweifel hin,
als wär er nicht immerdar,
was er ist und was er war.

ER will Frieden mit mir halten,
wenn die Welt gleich Lärmen macht;
ihre Liebe mag erkalten,
ich bin bei ihm wert geacht,
und wenn Höll und Abgrund brüllt,
bleibt er mir doch Sonn' und Schild.

Der Herr, dein Erbarmer

Es gibt Begriffe in der Heiligen Schrift, die man zunächst für sich reifen lässt. So ging es mir mit der Gottesbezeichnung „Erbarmer". Gott, dein Erbarmer! Interessanterweise habe ich in dem Wort ein anderes entdeckt: (Erb) Arme(n). Jeder Mensch weiß, was es bedeutet hat, wenn er als Kind in die Arme der Mutter oder des Vaters genommen wurde. Die Arme umschließen den Umarmten. Sie bezeugen ihm den Schutz des Umarmenden. Gleichzeitig ist eine solche Geste ein Ausdruck der Versöhnung (Der Vater kommt zum Sohn).
So ist das Verhalten zwischen Menschen. Wenn man mit menschlichen Worten von Gott spricht, werden die gleichen Bilder gebraucht. Wie sollte es auch anders verständlich sein? Gott unser Vater und Schöpfer allen Lebens hat uns unsere Verhaltensweisen vorgegeben. Er ist der sich Erbarmende. Nach dem Sündenfall fällt der Mensch ständig neu in Ungnade vor Gott. Besonders Martin Luther bringt das vor Gott zum Audruck mit seinem Bekenntnis: „Meine Schuld, meine große Schuld!" Aber über dem Verhalten des Menschen Gott gegenüber steht Gott mit seinem Erbarmen. Gott geht auf den Menschen zu und nimmt ihn in den Arm! Ja, er umarmt ihn so, dass der Mensch erkennen soll: Gott ist überall da, wo ich ihn